Texte de Moe Price

Illustrations de Atsuko Morozumi

Le premier grand voyage du père Noël

À Richard et Vincent. A. M.

Pour Eleanor Doris, avec tout mon amour. M. P.

MILAN

Non, ce matin-là n'avait rien d'un matin ordinaire. C'était le jour de Noël, et déjà le ciel rosissait au-dessus des montagnes. Deux ombres trottaient dans la forêt enneigée.

– Plus vite, Elwin ! tonnait le père Noël. Ce sacré jour se lève ! Si on nous voyait, ce serait terrible. Oui, terrible !

Par bonheur, personne ne les aperçut. Rentrés chez eux, ils s'installèrent devant un bon feu, histoire de réchauffer leurs orteils glacés.

Ils étaient harassés.

– J'ai bien envie de prendre ma retraite, soupira le père Noël. Chaque année, il y a de plus en plus de cadeaux à distribuer et la nuit n'est pas assez longue. Un jour, quelqu'un nous verra, et pfouiit ! l'enchantement sera rompu !

Elwin, le chef des lutins, secoua furieusement la tête.

– Nous n'abandonnerons jamais, Père Noël ! On va trouver une solution.

Ils se mirent à réfléchir, les yeux fixés sur les flammes qui dansaient.

L’hiver s’achevait. C’est alors qu’Elwin eut sa grande, sa merveilleuse idée :

– J’ai trouvé, saperlipopette ! Je l’ai, la solution !

Les lutins s'agitèrent comme des feux follets, et
dessinèrent les plans les plus ingénieux qui fussent.

Mais le lendemain, tout le monde se chamaillait.
Chacun avait une idée meilleure que son voisin.
Le pauvre Elwin s'arrachait les cheveux !

Enfin, Elwin réussit à mettre les lutins d'accord. L'atelier ressembla bientôt à une ruche bourdonnante et bruissante. Quand le père Noël, intrigué par ce remue-ménage, essaya d'entrer, on lui ferma tout simplement la porte au nez. Pas question de le mettre dans la confidence.

Ce n'est qu'au début du printemps qu'on dévoila enfin le grand secret. Le père Noël fut drôlement impressionné.
Cependant, il se tripotait la barbe d'un air soucieux :
– Je ne pourrai jamais tirer ça tout seul ! Même si vous m'aidez tous !
Elwin leva la main en souriant et dit d'un ton malicieux :

Depuis les temps les plus anciens,
Nous sommes un peu des magiciens.
Faut-il des ailes au père Noël ?
C'est enfantin pour un lutin !
Qui tirera ce beau traîneau
Volera comme un moineau !

– Volera, volera… c'est bien beau, mon cher Elwin, ronchonna le père Noël, mais ça ne me dit pas qui le tirera.
– C'est simple ! répondit le lutin. Il n'y a qu'à mettre une affiche dans la forêt !

Ce qui fut fait en un clin d'œil.

Le premier candidat fut un éléphant nommé Théophile.

Rien à dire sur le décollage.

Ni sur l'atterrissage. C'était ab-so-lu-ment parfait.

Néanmoins, Théophile ne fit pas l'affaire.

Puis ce fut le tour d'Arthur, un crocodile bien sympathique, qui arriva avec toute sa bande.

Mais les claquements de leurs énormes mâchoires mettaient le père Noël fort mal à l'aise.

Il déclina leur offre avec beaucoup de courtoisie.

Arriva ensuite une troupe de chiens de traîneau.
– Croyez-moi, rien ne vaut de vrais professionnels, affirma Rex, le chef du groupe.

L'attelage fila à toute allure et le vol fut des plus agréables. Des spécialistes, voilà ce qu'il fallait !

Mais Rex commit une grossière erreur : il regarda en bas.
Même un professionnel peut avoir le vertige !
Ce fut une panique générale.

Le vol s'arrêta là. Le traîneau tomba en vrille et dégringola au beau milieu d'une mare.

Durant l'été, les candidatures furent nombreuses.

Mais aucune ne donna vraiment satisfaction.

La veille de Noël, il n'y avait toujours personne pour tirer le traîneau. Le vieux bonhomme était très, très contrarié.

Le soir même, on frappa à la porte. C'était Grands-Bois, le renne. Il roulait des yeux affolés :

– L'un des nôtres est tombé au fond du ravin.

– On va le tirer de là, mon garçon ! dit le père Noël.

Elwin montra le traîneau. Il soupira :
– Si seulement on pouvait le tirer, ça ferait une belle ambulance !
Les rennes s'approchèrent.
– Laisse-nous faire, dit Grands-Bois. On s'en charge.

Le ravin était profond, encaissé
entre deux parois vertigineuses.
Mais les rennes étaient si habiles
que le père Noël parvint sans peine
à atteindre le blessé. Avec les lutins,
il installa la pauvre bête sur
les coussins du traîneau.
La partie était gagnée.

On soigna la patte cassée.
Tout rentrait dans l'ordre.
Grands-Bois était radieux :
– Comment vous remercier, mes amis ?
– Bah ! grogna le père Noël. N'en parlons plus.
Mais les yeux d'Elwin se mirent à briller :
– Parlons-en, au contraire. Il nous faut quelqu'un pour tirer le traîneau, cette nuit. Peut-être que toi et tes amis…
– Cette nuit et toutes les nuits que vous voudrez ! dit le renne en riant. Je vous dois bien ça !

Le père Noël comprit alors qu'il allait pouvoir distribuer cette nuit-là autant de cadeaux qu'il voudrait, et qu'il serait de retour chez lui bien avant le lever du soleil.

C’est ainsi que, pour la première fois, l’attelage légendaire s’envola au-dessus des maisons endormies.

Voilà pourquoi, chaque année, l'enchantement recommence.
Un renne n'a qu'une parole !

Dépôt légal : 4e trimestre 2012
ISBN : 978-2-7459-5987-4
Imprimé en Espagne par Graficas Unigraf.

Le Coffre à histoires

Des livres pour toute la famille

Dès 3 ans

Dès 5 ans

Dès 7 ans